Thomas Keiderling

F. A. BROCKHAUS

Streiflichter auf 200 Jahre Firmengeschichte
1805–2005

filos

Erlangen 2005

Begleitheft zur Wanderausstellung *200 Jahre F. A. Brockhaus. Streiflichter aus der Geschichte des Leipziger Traditionsunternehmens.*

Der Autor, Dr. phil. Thomas Keiderling, ist als Historiker und Medien-wissenschaftler an der Universität Leipzig, Fachbereich Buchwissenschaft, tätig. Er ist Urheber zahlreicher Publikationen zur Unternehmensforschung, Buchgeschichte und Medienökonomie. 2005 erschien die von ihm heraus-gegebene Firmengeschichte *F. A. Brockhaus 1905–2005.*

© filos-Verlag, Erlangen 2005, 1. Auflage
Umschlaggestaltung (Bild: erste Auflage des Conversationslexikons),
Satz und Layout: filos, Erlangen
Druck: DPG, Erlangen
ISBN 3-938498-04-8
www.filos-verlag.de

Einführung

F. A. Brockhaus ist seit dem 19. Jahrhundert ein führendes Unternehmen des deutschen Buchhandels und hat Literatur- und Branchengeschichte geschrieben. Gegründet 1805 in Amsterdam, wuchs die Firma bald zu stattlicher Größe heran. Es handelte sich keineswegs nur um einen Verlag – F. A. Brockhaus war ein mehrfach spezialisiertes Unternehmen der Buchbranche mit eigener Druckerei, Gießerei, Binderei, mit Verlag, Kommissionsbuchhandlung, Sortiment und Antiquariat. Zeitweilig bot das Unternehmen mehr als 1000 Personen einen Arbeitsplatz. Auf dem Gebiet des Buchdrucks wird F. A. B. mit der industriellen Revolution verbunden. Hier erfolgte 1826 ein früher Einsatz der koenigschen Schnellpresse, hier wurden zahlreiche Innovationen des Buchdrucks getätigt. Das Firmenareal von Brockhaus zwischen Querstraße und Salomonstraße war für viele ein wichtiger Identifikationsort, der generell für das erfolgreiche deutsche Buchgewerbe, für die Buchstadt Leipzig, aber auch für das so genannte Graphische Viertel stand, einem Gewerbegebiet im Osten der Stadt, auf dem vor dem Ersten Weltkrieg mehr als 1500 Firmen der Buchbranche sowie des typografischen Maschinenbaus auf engstem Raum konzentriert waren.

Universalunternehmen der Buchbranche

Die Liste der herausragenden Verlagsautoren von F. A. Brockhaus ist lang und beachtlich. Es gehören dazu Giacomo Casanova, Johann Peter Eckermann, Karl Gutzkow, Ferdinand Lassalle, Ludwig Tieck, Friedrich Raumer, Johanna und Arthur Schopenhauer. Später traten herausragende Autoren der Reise- und Forschungsliteratur zu diesem Kreis wie Wilhelm Filchner, Sven Hedin, Gustav Nachtigal, Fridtjof Nansen, Adolf von Nordenskiöld, Colin Ross, Heinrich Schliemann, Georg Schweinfurth und Henry Morton

Bedeutende Verlagsautoren

Stanley. Allein schon aus der Versammlung dieser bedeutenden Schriftstellerpersönlichkeiten in nur einem Verlag leitete das Unternehmen seine hohe kulturelle Bedeutung ab.

Brockhaus-Archiv

Es gab wohl, so hielt man einmal firmenintern fest, keine hochrangige Persönlichkeit im Deutschland des 19. und des frühen 20. Jahrhunderts, die nicht irgendwann den schriftlichen Kontakt zu F. A. Brockhaus gesucht hätte. Somit kommt dem Verlagsarchiv eine herausragende Bedeutung zu. In den zwanziger Jahren des vorigen Jahrhunderts war das Archiv in der ersten Etage des zur Brockhausvilla hin gelegenen Lagerhauses untergebracht und zählte mit mehreren hundert laufenden Aktenmetern zu den größten, besterhaltenen und gepflegtesten seiner Art. Hier wurden nahezu sämtliche Unterlagen seit der Firmengründung aufbewahrt: Verträge, Geschäftsrundschreiben, Briefwechsel mit Autoren, Geschäftspartnern und hohen Persönlichkeiten und nicht zuletzt die kompletten Briefkopierbücher. Hinzu kamen eine ausgedehnte Bibliothek, in der jedes bei Brockhaus verlegte Werk enthalten war, sowie sämtliche abgelehnte bzw. angenommene Autoren-Manuskripte. Weitere Unterlagen der Familie Brockhaus privater Natur, wie Fotografien, Tagebuchaufzeichnungen, Reiseberichte und Korrespondenzen, wurden im Archiv aufbewahrt. Seit 1926 war das Archiv der Öffentlichkeit zugänglich, in diesem Jahr rief man auch eine Studienreihe mit wissenschaftlichem Anspruch unter dem Titel *Aus dem Archiv F. A. Brockhaus. Zeugnisse zur Geschichte geistigen Schaffens* ins Leben, in der bis 1929 mehrere Bände erschienen sind.[1]

Kriegsverluste

Dieses hervorragend geführte Archiv wurde in der Nacht vom 3. auf den 4. Dezember 1943 bei dem schwersten britischen Luftangriff auf Leipzig zu großen Teilen zerstört. Hans Brockhaus hielt in seinen Erinnerungen fest: „Ich hatte bis spät in die Nacht an

einer Eingabe gearbeitet, die die Schließung des Betriebes rück-
gängig machen sollte. Als die ersten Bomben fielen, schliefen wir
und ich rief meiner Frau zu: ‚Nichts wie runter!' [...] Es hat mir
jahrelang schwer auf der Seele gelegen, daß es mir nicht gelungen
ist, Firma und Familienhaus vor der Vernichtung zu bewahren.
Wohl hatten beherzte Fabianer" – so nannten sich die Mitarbeiter
von *F. A.* Brockhaus – „das Vordergebäude und das Steindruckge-
bäude zunächst von allen Brandbomben befreit und Brände im
Entstehen gelöscht, dann aber kam aus dem Druckereigebäude
von Osten der Feuersturm, einem Schmiedefeuer gleich, dem alles
erlegen war."[2]

Lange hat mich die Frage beschäftigt, warum es heute im Sächsischen Staatsarchiv Leipzig einen Altbestand F. A. Brockhaus von
immerhin 17 laufenden Aktenmetern gibt. Wie konnten diese
Dokumente den großen Brand überstehen?

Es ist dem besonnenen Handeln der Familie Brockhaus und ei-
niger Mitarbeiter zu verdanken, die eine enge Auswahl besonders
wertvoller Dokumente in einen schützenden Tiefbunker auf dem
Firmengelände verbrachten. Einige Notizen im Firmennachlass
geben Aufschluss über diese Sicherungsaktion. So gab es im Tiefbunker gleich links einen verschlossenen Raum, in dem beschrif-
tete Kisten eingelagert wurden. Es handelt sich unzweifelhaft um
die Dokumente, die sich heute größtenteils im Sächsischen Staatsarchiv Leipzig finden. Aufgrund des Altbestandes F. A. Brockhaus,
der zusammen mit den Nachlässen zum VEB F. A. Brockhaus
mehr als 70 laufende Aktenmeter umfasst, sowie aufgrund wei-
terer Nachlässe zu Verlagen, Buchhandelsbetrieben, Druckereien
und Fabriken des grafischen Maschinenbaus in Leipzig und Nord-
westsachsen gehört das Sächsische Staatsarchiv Leipzig zu den
wichtigsten Standorten für die Erforschung der Geschichte von

Der Bestand
im Sächsischen
Staatsarchiv

Brockhaus im engeren und der Buchhandelsgeschichte im weiteren Sinne.

Im Folgenden sollen sechs Streiflichter auf die Unternehmensgeschichte von F. A. Brockhaus gerichtet werden.

I Der Firmengründer

Friedrich Arnold
Brockhaus

Die Gründerpersönlichkeit ist eine zentrale Bezugsperson für ein Unternehmen, um die sich – sofern eine Firma erfolgreich ist – nicht selten Mythen und Geschichten ranken. Wir möchten uns an dieser Mythenbildung nicht beteiligen, sondern fragen, was das Besondere an Friedrich Arnold Brockhaus ausmachte.

Zunächst war er eine charismatische Persönlichkeit mit einem Gespür für publikumswirksame Verlagsvorhaben. Dann konnte er seine Zeitgenossen durch seine politische Positionierung begeistern. Er setzte sich in der Zeit der napoleonischen Fremdherrschaft für ein geeintes, bürgerlich-liberales Deutschland ein. Er war ein Vorreiter im Kampf gegen die Zensur und gegen den in den deutschen Staaten grassierenden Raubdruck. Ferner schuf er das moderne Konversationslexikon, das sich speziell an das Bildungsbedürfnis des Bürgertums richtete. Darüber hinaus engagierte er sich auf dem Zeitschriftensektor.

Summa Summarum: Brockhaus verkörperte einen Unternehmertyp, der sich mit seinem Verlagsprogramm für die Verbreitung von Bildung und Kultur einsetzte. In einer Zeit des Aufbruchs in der deutschen Gesellschaft und im Buchhandel entsprach er am ehesten den zeitgenössischen Vorstellungen von einem Kulturverleger.

Zu seiner Popularität trug bei, dass sich Friedrich Arnold Brockhaus in wirtschaftlich unsicheren Zeiten selbstständig machte und
binnen kurzer Zeit erfolgreich wurde. Es ist die viel zitierte Erfolgsgeschichte, die fasziniert. Vom Tellerwäscher zum Millionär
würden wir heute sagen.

Nun, Brockhaus war weder Tellerwäscher noch nannte er später
ein Millionenvermögen sein eigen. Aber er kämpfte sich von ganz
unten nach oben. Sein Weg war mit Rückschlägen und herben
Enttäuschungen gepflastert. Die ersten Unternehmungen auf dem
Gebiet des Tuchhandels brachten so einige Probleme mit sich.
Brockhaus überwarf sich mit einigen Teilhabern und wurde auch
geschäftlich betrogen. Das Glück seiner ersten Ehe wurde durch
den frühen Tod seiner Frau Sophie beendet, die kurz nach der
Geburt des siebenten Kindes starb. Als Friedrich Arnold Brockhaus Jahre später um die Hand von Johanna von Zschock, einer
Bürgerstochter aus Altenburg anhielt, wurde dieselbe von allen
Seiten gewarnt, sie solle sich nicht mit einem Manne einlassen,
der „ein zerrüttetes Geschäft und eine zahlreiche Familie zu versorgen habe."[3]

Glücklicherweise ließ sie sich von diesen Warnungen nicht einschüchtern und heiratete Brockhaus. Ihre Mitgift sorgte im Übrigen auch dafür, dass die Finanzierung des kostenaufwändigen
Lexikons gesichert war. Somit konnte der Verlag über die schwierigen Klippen der Anfangszeit hinweg bald in die Gewinnzone
gebracht werden. Wir erkennen: Friedrich Arnold Brockhaus hatte neben dem bereits erwähnen Geschäftsinn auch Fortüne bei
seinen ersten buchhändlerischen Unternehmungen.

Unternehmenserfolg

2 Das Lexikon

Die zweite Auflage des Konversationslexikons gab Friedrich Arnold Brockhaus zwischen 1812 und 1819 in zehn Teilen heraus. Den kleinen Bänden im Oktavformat sieht man nicht an, welcher gesellschaftliche Sprengstoff sich darin befand. Das Lexikon richtete sich mit seinem A-bis-Z-Wissen an das aufstrebende Bürgertum, das Bildung zu einem wichtigen Gut erhob. Wissen wurde einerseits durch die stille Lektüre erworben, andererseits durch gesellige Konversation und Bildungsreisen.

Ein Erfolgsgeheimnis des frühen Konversationslexikons war auch und gerade im journalistischen Schaffen von Brockhaus begründet, der selbst als Autor tätig wurde und die Artikel im Stile seiner viel gelesenen und auch wiederholt durch die Zensur verbotenen Zeitschriften aktuell verfasste.

Augenfällig ist, das zeigt der Blick auf die Produktionspalette der Nachschlagewerke, wie sich das vermittelte Lexikonwissen im Laufe der fast 200 Jahre vervielfältigt hat. Die Bandzahl wurde von acht auf 30 gesteigert, hinzu kamen ein vergrößerter Buchblock, d.h. mehr Zeilen und Zeichen pro Seite, und ein deutlich vergrößerter Seitenumfang pro Band. Die Zweispaltigkeit wurde ab der 13. Auflage von 1882–1887 eingeführt. Mit dieser Auflage kamen auch die Bilder in das Lexikon, zunächst als Holz- und Stahlstich, später als Fotografie und Computerzeichnung. Aufgrund der wachsenden Konkurrenz auf dem Lexikonmarkt stiegen die Preise nicht im gleichen Umfang des angebotenen Wissens. Insofern ergab sich für den Käufer von Ausgabe zu Ausgabe ein verbessertes Preis-Leistungs-Verhältnis. Dieser Trend hält bis heute an. Die großen Lexikonnamen des 19. Jahrhunderts hießen *Brockhaus*, *Meyer*, *Pierer* und *Herder*. Ihre Konkurrenz erwies sich als äußerst produktiv für die Herausbildung des modernen Universallexikons in Deutschland.

Meilensteine der Lexikonentwicklung des *Brockhaus* sind: die erwähnte zweite Auflage, die den Typus des modernen Konversationslexikons konsolidierte, die fünfte Auflage, bei der erstmals systematisch ein externer Kreis von wissenschaftlichen Fachgelehrten in die Redaktionsarbeit eingebunden wurde, die 13. Auflage mit ihrer Zweispaltigkeit und „Bildhaftigkeit", die 15. Auflage mit modernem Layout und einer sachlichen Darstellungsweise, die 17. Auflage, erstmals als „Enzyklopädie" bezeichnet, mit dem speziellen Verweisungssystem der enzyklopädischen Traube, die 19. Auflage mit einem hohen Anteil an Farbabbildungen und der Innovation der Schlüsselbegriffe zu aktuellen und kontroversen Themen. Die derzeit im Entstehen begriffene 21. Auflage wird u. a. durch ihre Multimedialität ein neues Kapitel der Lexikografie aufschlagen. Anhand dieser Aufzählung werden die langen Entwicklungslinien deutlich. Das Lexikonschaffen von Brockhaus basiert auf einem speziellen betrieblichen Know-how. Es ist von hohem wissenschaftlichem Interesse, diese Kontinuität, aber auch den Wandel des Lexikonschaffens anhand des Markenprodukts *Brockhaus* zu verfolgen.

Kontinuität und Wandel

3 Die Reiseliteratur

Lange Zeit galt F. A. Brockhaus als klassischer Universalverlag. Zum Programm gehörten neben Lexika wissenschaftliche und schöngeistige Publikationen, Journale und Zeitschriften. Ab 1870 spezialisierte man sich aufgrund der wachsenden Konkurrenz auf Lexika und wandte sich einem neuen, Erfolg versprechenden Ge-

Europa, Afrika, Polargebiete

biet zu: der Reiseliteratur. Die Reiseliteratur stellte fremde Länder, aber auch noch unerforschte, ferne und unwirtliche Welten einem großen Publikum vor. Zunächst galten die Bände einzelnen Ländern und Regionen Europas. Ab 1880 verschwanden Titel zum „alten Europa" gänzlich aus dem Programm. Nun thematisierte die Reiseliteratur exotische Länder mit dem Schwerpunkt Afrika. Nach der Jahrhundertwende wurde es um den schwarzen Kontinent ruhiger. Er bot nicht mehr so viele Sensationen, da die großen Landstriche, selbst sein „Inneres", inzwischen erkundet waren. Jetzt häuften sich Beschreibungen über die Polargebiete. Später kamen im Brockhaus-Verlag noch besondere Spielarten der Reiseliteratur auf, wie Alpinistika und Filmbücher, nach denen sogar Kurzfilme im Kinovorprogramm der 1920er- und 1930er-Jahre liefen.

Buch- und Reihengestaltung

Bei der Buchgestaltung der Reiseliteratur beschritt Brockhaus neue Wege. Seitenlayout, Einband und Schutzumschlag erhielten besondere Aufmerksamkeit. Das Zusammenführen gleicher Einbände zu einer Reihe wurde zu einem Marketinginstrument. Betrachtet man alle bei Brockhaus erschienenen Reiseberichte im Original-Verlagseinband, so ergibt sich das Bild einer uniformen Reihe. Es hielt die Fotografie sehr frühzeitig Einzug in die Reiseliteratur. Wertvolle Bestände aus dieser Zeit haben sich erhalten: Briefe, Fotografien und Buchausgaben herausragender Reiseliteratur-Autoren wie Sven Hedin, Wilhelm Filchner, Adolf von Nordenskiöld, Heinrich Schliemann und Howard Carter. Die Tradition der Reise- und Heimatliteratur wurde vom Verlag VEB F. A. Brockhaus in der Zeit der DDR fortgeführt. Beispiele zur Buch- und Umschlaggestaltung dieser Zeit sind die in mehreren Auflagen erschienenen Bildbände *DDR* und *Leipzig in Farbe* sowie die Reihe *Brockhaus Souvenir.*

4 Krisenerscheinungen und Zensur

Während der zweihundertjährigen Firmengeschichte gab es nicht nur Erfolge zu verzeichnen, sondern auch Stagnation, Krisen und schwere Schicksalsschläge. Nach dem Tod des Firmengründers trat das Unternehmen im Zeitraum von 1823 bis 1829 in eine schwierige Situation, als die vielen Nachkommen mit ihren Ansprüchen drohten, das junge Unternehmen zu zerreißen. Es ist dokumentiert, dass die Firma durch die allmähliche Abfindung der Erben von Friedrich Arnold Brockhaus drei Viertel ihres Kapitals verlor. Am Ende des 19. Jahrhunderts zwangen Umsatzeinbrüche zur Einstellung zahlreicher Publikumszeitschriften, zur Aufgabe der Belletristik und der Wissenschaftsliteratur. Der Verlag spezialisierte sich, wie bereits erwähnt, auf die Kernbereiche Lexikon und Reiseliteratur. Dieser Prozess war insofern schwierig für das Gesamtunternehmen, als aufgrund der fehlenden Maschinenauslastung in der Druckerei und Binderei Massenentlassungen drohten. Sie konnte durch Druckaufträge für Fremdfirmen verhindert werden. So stellte F. A. Brockhaus nach 1900 verschiedene Geschenk- und Einwickelpapiere, Tapeten, Werbeschilder, Briefpapiere, Zigarettenbilder, aber auch Bucheinbände für andere Verlage her. Es handelte sich um eine in der damaligen Zeit viel beachtete Produktionspalette, die heute weithin unbekannt sein dürfte.

Finanznot, Umsatzminus, Nebenerwerb

Im 20. Jahrhundert musste sich F. A. Brockhaus, wie andere deutsche Unternehmen auch, unter schwierigen ökonomischen und gesellschaftlichen Rahmenbedingungen behaupten. Zu nennen sind der Erste Weltkrieg mit seinen ökonomischen Auswirkungen, die Wirtschaftskrisen der 1920er- und frühen 1930er-Jahre, die Jahre der NS-Zeit mit Zensur und zeitweise drohender Enteignung, die komplette Zerstörung des Leipziger Firmengelän-

Krieg und Inflation

des 1943, die von den Amerikanern initiierte Übersiedlung nach Wiesbaden und der damit verbundene Neuanfang 1945, die unrechtmäßige Enteignung und Überführung des Leipziger Stammbetriebes in „Volkseigentum" in der DDR (1950–1953) sowie der kriegsbedingte Ausfall der sechsten Unternehmergeneration von Brockhaus.

Zensur von
Beginn an

Neben den genannten krisenhaften Ereignissen zieht sich die Auseinandersetzung mit der Zensur wie ein roter Faden durch die Unternehmensgeschichte, so dass dieser Aspekt in der Ausstellung umfassende Würdigung findet. Das erste Verbot ereilte Brockhaus bereits im Jahr nach der Gründung. Die Amsterdamer politisch-literarische Zeitschrift *De Ster* wurde 1806 auf königlichen Befehl eingestellt. Nachweislich wurden weitere Zeitschriften von Brockhaus, wie die *Blätter für literarische Unterhaltung*, das *Literarische Conversations-Blatt*, das *Literarische Wochenblatt*, die *Leipziger Allgemeine Zeitung* und die später aus ihr hervorgegangene *Deutsche Allgemeine Zeitung*, in einzelnen Staaten wie Preußen und Österreich behördlich verfolgt, schließlich ganz oder zeitweilig verboten. Aber auch das Konversationslexikon und weitere Einzeltitel des Verlagsprogramms gerieten in die Schusslinie der Literaturwächter.

Anpassung im
NS-Staat

Im Dritten Reich wurde der Verlagsbuchhandel der Reichskulturkammer und deren Unterbehörde, der Reichsschrifttumskammer, unterstellt und einer strikten Zensur unterworfen, verbunden mit personeller Überwachung. Für die Lexikonverlage war zusätzlich die Parteiamtliche Prüfungskommission zuständig, die eine Vorzensur ausübte. Jedes Lexikon musste dieser Behörde – vor dem Druck – vorgelegt und von ihr genehmigt werden. Die Strategie des Verlags bestand darin, in Zusammenarbeit mit den Zensurorganen möglichst liberale Formulierungen und Abschwächungen vorzunehmen. Während des NS-Regimes wurde der Druck auf die Lexikonverlage deutlich verstärkt. Der *Taschen-Brockhaus zum Zeitgeschehen*, erschienen in den Kriegsjahren 1940 und 1942, ging explizit auf die Kriegserfolge Hitler-Deutschlands ein und ist in enger Zusammenarbeit mit der Parteiamtlichen Prüfungskommission entstanden.

Die 11. Auflage des *Volks-Brockhaus* erschien 1950 – also im ersten Jahr der DDR. Nur wenige Tage nach der Auslieferung erhielt der Verlag von der damaligen Zensurbehörde einen ebenfalls hier ausgestellten Kurzbrief folgenden Inhalts: „Wir bestätigen das heute an Sie abgesandte Telegramm, in dem wir Sie auffordern, die Auslieferung des ‚Volksbrockhaus, Band I', einzustellen. Sie werden in kurzer Zeit weitere Nachrichten erfahren. Der Kulturelle Beirat – Sekretariat – (Koven)"[4] Es folgte eine systematische Kampagne gegen den Privatbetrieb F. A. Brockhaus, die durch einen groß aufgemachten Artikel der *Leipziger Volkszeitung* eine erste Konkretisierung erfuhr. Mit der Überschrift „Konsequenzen aus einem reaktionären Lexikon" rechnete der Marxist Prof. Dr. Hermann Ley mit Brockhaus ab und bezeichnete den *Volks-Brockhaus* als „reaktionär", „revanchistisch", „rassistisch", „im Ideologischen völlig rückwärtsgewandt" und „aktiv feindlich".[5] Bald wurde der Betrieb dem Treuhänder unterstellt und schließlich enteignet. Die Familie Brockhaus konnte diesen Unrechtsakt nur von Wiesbaden aus mit Empörung und Entsetzen verfolgen. Sie boykottierte den Buchimport des VEB-Verlags in die Bundesrepublik. Die beiderseitige Beziehung gestaltete sich jahrzehntelang als schwierig, erst im Jahre 1990 kam unter anderen politischen Bedingungen eine Einigung zustande.

Verbote und Enteignung in der DDR

5 Die Familie Brockhaus

Generationen
und Gemein-
schaft

Die Arbeit am Buch und insbesondere am Lexikon ist – bei F. A. Brockhaus wird dies besonders deutlich – eine Leistung von Generationen. Mit der „Familie Brockhaus" waren in einem weiteren Sinne stets auch das Personal und die wissenschaftlichen Autoren des Lexikons gemeint, die ihren Beitrag für den Unternehmenserfolg leisteten. Von diesem Gemeinschaftsgeist zeugen viele Dokumente des Firmenarchivs, insbesondere diejenigen zur betrieblichen Festkultur.

Unternehmer-
sinn

Für die Unternehmer Brockhaus, als die Namensgeber des Lexikons, brachte die Tätigkeit am Buch eine große Verantwortung und einen langen harten Arbeitstag mit sich. Den Tagebüchern von Heinrich Brockhaus, die kürzlich in einer neuen Edition des Erlanger filos-Verlages erschienen sind, ist zu entnehmen, dass er phasenweise um 4 Uhr früh aufstand, um sich der Geschäftsführung aber auch der persönlichen Bildung zu widmen. Ein zwölfstündiger Arbeitstag war keine Seltenheit. Albert Brockhaus urteilte über seinen Vater Eduard: „In der Familie haben wir meinen Vater eigentlich nicht anders gekannt als arbeitend und lesend und schreibend. In der Zeit, wo er die ‚Deutsche Allgemeine Zeitung' herausgab, mit der er sich politisch und literarisch ebenso identifizierte wie mit den ‚Blättern für literarische Unterhaltung' und ‚Unsere Zeit', erinnere ich mich nicht, daß ich ihn jemals hätte pünktlich zu Tisch kommen sehen. In erster Linie stand ihm stets die Arbeit und die Pflicht, Frau und Kinder mußten sich mit dem begnügen, was an Interesse und Zeit übrig blieb."[6]

Soziales Kapital

Die Verlegerfamilie Brockhaus engagierte sich in zahllosen Gremien und Vereinen für Branchenanliegen, ebenso für soziale, kulturelle und politische Belange. Eduard Brockhaus, einer der einflussreichsten Familienvertreter, war von 1871 bis 1878 Abgeordneter der Nationalliberalen Partei im Deutschen Reichstag. Besondere Aufmerksamkeit brachten Eduard und sein Sohn Albert der Idee einer Deutschen Bücherei als „nationale Archivbibliothek" entgegen. Die Umsetzung der Bismarckschen Sozialgesetze unterstützte Albert mit dem Aufbau der Leipziger Ortskrankenkasse für ca. 70 000 Arbeitnehmer. Das Leben der Familie Brockhaus war quasi ein öffentliches, zahlreiche Autoren, Künstler und Politiker gaben sich zunächst in der Privatwohnung an der Querstraße, seit 1868 in der neu errichteten herrschaftlichen Brockhausvilla an der Salomonstraße, die Klinke in die Hand.

6 F. A. Brockhaus heute

Die Fusion mit dem Bibliographischen Institut im Jahre 1984 wandelte den Verlag Brockhaus in die Marke *Brockhaus*, die zusammen mit den Marken *Meyer* und *Duden* innerhalb des Verlags Bibliographisches Institut & F. A. Brockhaus AG (BIFAB) aufgehoben ist. *Brockhaus* ist heute Inbegriff lexikalischen Wissens und hat die Marktführerschaft im Bereich der deutschsprachigen Lexikonproduktion. Der *Brockhaus* ist als Printausgabe erhältlich, aber auch via Internet, DVD- und CD-ROM, über Pocket-PC und Smartphones abrufbar. Es ist beeindruckend zu sehen, wie sehr sich die Medialität des Lexikons, aber auch die Lexikonarbeit, durch den Einsatz des Computers verändert hat. Derzeit wird im Verlag BIFAB die 21. Auflage der *Brockhaus Enzyklopädie* vorbereitet, die im Herbst 2005 erscheinen wird. Während der strategische Kopf und die Projektsteuerung für das Nachschlagewerk in Mannheim angesiedelt sind, erarbeitet die Leipziger Brockhaus-Redak-

Die Marke Brockhaus

tion des Bibliographischen Instituts mit mehr als 70 Mitarbeitern eine Enzyklopädie, die erstmals in der Geschichte von Brockhaus 30 Bände mit rund 300000 Stichwörtern umfassen wird.

Künstlerausgaben, Multimedia & Co. Aus der jüngsten Lexikonproduktion sind die limitierten und exklusiv gestalteten Künstlerausgaben der *Brockhaus Enzyklopädie* von André Heller und Friedensreich Hundertwasser hervorzuheben, ebenso die aktuellen Brockhausausgaben vom Ein- bis zum Zehnbänder, den *Brockhaus multimedial* und eine Auswahl moderner Sachlexika. Mit dem Titel *Brockhaus* gibt es gegenwärtig ohne die Enzyklopädie rund 65 lieferbare Titel, darunter vor allem thematische Nachschlagewerke sowie Kinder- und Jugendbücher.

Der Gesamtverlag Bibliographisches Institut & F. A. Brockhaus AG umfasst 600 Buchtitel. Mit dabei sind auch die bekannten Ausgaben von *Duden*, *Meyer* und *Harenberg*.

Nachwort

Jubiläums-Ausstellung Der vorstehende Text ist die leicht veränderte Fassung meiner Rede zur Eröffnung der Wanderausstellung *200 Jahre Brockhaus – Streiflichter aus der Geschichte des Leipziger Traditionsunternehmens*. Es ist mir ein großes Bedürfnis, allen am Zustandekommen dieser Ausstellung Beteiligten zu danken. An erster Stelle gilt der Dank den Mitarbeiterinnen und Mitarbeitern des Sächsischen Staatsarchivs Leipzig, besonders Marion Bähr, Birgit Richter und Nikolai Exner, die mehrere Vitrinen und Texte gestaltet, sämtliche Exponate aus dem Staatsarchiv ausgewählt und für die Ausstellung vorbereitet haben. Vom Bibliographischen Institut Leipzig haben Kati Böhme und Dieter Baer die Ausstellung von der Idee bis zur Feinkonzeption gestaltet, wichtige Koordinationen übernommen und vor allem die vielen Tafel- und Vitrinentexte, die ich nicht selten mit Überlängen vorgelegt hatte, in die gewünschte Form gebracht. Schließlich gilt mein Dank Karen Engelmann und Bernd Schröder vom Gestalterbüro Schröder Design, die unsere Ideen in ansprechender und moderner Weise umgesetzt haben.

Schließlich verweise ich auf die soeben erschienene zweibändige Firmengeschichte, die sich der bewegten Geschichte von F. A. Brockhaus nicht streiflichtartig, sondern umfassend widmet. Band eins enthält das Faksimile der Firmenschrift von Eduard Brockhaus aus dem Jahre 1905 *Die Firma F. A. Brockhaus von der Begründung bis zum hundertjährigen Jubiläum 1805–1905*. Band zwei widmet sich unter dem Titel *F. A. Brockhaus 1905–2005* dem bewegten 20. Jahrhundert. Als Herausgeber und Autor möchte ich mich herzlichst bei den wissenschaftlichen Mitautoren bedanken.

Festschrift

Anmerkungen

[1] Vgl. die Arbeiten von Gebhardt, Lüdeke, Lohre und Michel in der Literaturliste.

[2] Erinnerungen Hans Brockhaus, Manuskript um 1960, Bl. 154–155, in: Brockhaus-Archiv Wiesbaden (in Privatbesitz der Familie).

[3] Brief von Johanna von Zschock an Friedrich Brockhaus vom 28. September 1829, in: Stadtarchiv Leipzig, Vormundschaftsstube, 6448, Vol. II, Bl. 249. Vgl. Titel, Volker: Friedrich Arnold Brockhaus, in: Keiderling, Thomas (Hg.): Betriebsfeiern bei F. A. Brockhaus. Wirtschaftliche Festkultur im 19. und frühen 20. Jahrhundert, Beucha 2001, S. 151.

[4] Vgl. Brief des Kulturellen Beirats an F. A. Brockhaus, Leipzig vom 27.5.1950, Bl. 300, in: Sächsisches Staatsarchiv Leipzig, Bestand VEB F. A. Brockhaus, 1665.

[5] Leipziger Volkszeitung vom 18.6.1950, S. 3.

[6] Hartmann, Bernhard: Eduard Brockhaus, in: Adressbuch des Deutschen Buchhandels, Leipzig 1915, S. XIII.

Auswahlbibliographie

– Brockhaus, Eduard: Friedrich Arnold Brockhaus. Sein Leben und Wirken nach Briefen und andern Aufzeichnungen, 3 Bde., Leipzig F. A. Brockhaus 1872–1881.
– Ders.: Die Firma F. A. Brockhaus von der Begründung bis zum hundertjährigen Jubiläum 1805–1905, Leipzig F. A. Brockhaus 1905 [auch als Faksimileausgabe mit einer Einführung von Thomas Keiderling, Bibliographisches Institut & F. A. Brockhaus, Mannheim 2005]
– Brockhaus, F. A.: 1805–1940. Aus der Arbeit von fünf Generationen. Zum Gutenberg-Jahr 1940, Leipzig F. A. Brockhaus 1940.
– Brockhaus, Heinrich: Tagebücher. Italien, Spanien und Portugal 1834 bis 1872 (hg. von Volker Titel), Erlangen Filos 2003. Ders.: Tagebücher. Deutschland 1821–1874, Erlangen Filos 2004.
– Dietrich, Hans: Der Verlag F. A. Brockhaus als geistiges Zentrum des liberalen deutschen Bürgertums im 19. Jahrhundert, Dissertation Karl-Marx-Universität Leipzig, Maschinenschrift, Leipzig 1985.
– Gebhardt, Carl (Hg.): Schopenhauer und Brockhaus. Zur Zeitgeschichte der „Welt als Wille und Vorstellung". Ein Briefwechsel, Leipzig F. A. Brockhaus 1926.
– Gebhardt, Peter von: Geschichte der Familie Brockhaus aus Unna in Westfalen, Leipzig F. A. Brockhaus 1928.
– Gruschka, Roland: Programm- und Vermarktungsstrategien populärwissenschaftlicher Reiseberichte im Verlag F. A. Brockhaus von 1874 bis 1945, Leipziger Jahrbuch zur Buchgeschichte 13/2003, Wiesbaden, S. 33–106.

– Hexelschneider, Erhard: Talvj und das Verlagshaus F. A. Brockhaus in Leipzig, in: Schubert, Gabriella und Friedhilde Krause (Hg.): Talvj, Therese Albertine Luise von Jakob-Robinson (1797–1870). Aus Liebe zu Goethe: Mittlerin der Balkanslawen, Weimar 2001, S. 111–127.
– Ders. und Gerhild Schwendler (Hg.): „Auf ehrliche und anständige Gegnerschaft …". Ferdinand Lassalle und der F. A. Brockhaus-Verlag in Briefen und Kommentaren (zugl. Schriften und Zeugnisse zur Buchgeschichte, Bd. 13), Wiesbaden Harrassowitz 2000.
– Hingst, Anja zum: Die Geschichte des Großen Brockhaus. Vom Conversationslexikon zur Enzyklopädie (zugl. Buchwissenschaftliche Beiträge aus dem Deutschen Bucharchiv München, Bd. 53), Wiesbaden Harrassowitz 1995.
– Hirschfeld, Paul: F. A. Brockhaus, in: ders.: Leipzigs Großindustrie und Großhandel in ihrer Kulturbedeutung, Leipzig 1887, S. 1–3.
– Hübscher, Arthur: Hundertfünfzig Jahre F. A. Brockhaus 1805 bis 1955, Wiesbaden F. A. Brockhaus 1955.
– Kapp, Friedrich: Friedrich Arnold Brockhaus, Sonderdruck aus: Deutsche Rundschau, o. O. und o. J., S. 371–391.
– Keiderling, Thomas: Die Berichte Hermann Ziegenbalgs an Heinrich Brockhaus von seinen Geschäftsreisen nach West- und Südeuropa aus den Jahren 1863 und 1865, in: Leipziger Jahrbuch zur Buchgeschichte 5/1995, Wiesbaden, S. 317–371.
– Ders. (Hg.): Betriebsfeiern bei F. A. Brockhaus. Wirtschaftliche Festkultur im 19. und frühen 20. Jahrhundert, Beucha Sax Verlag 2001.

– Ders. (Hg.): F. A. Brockhaus 1905–2005, Leipzig und Mannheim F. A. Brockhaus 2005.
– Killy, Walther, Thilo Koch und Richard Toellner: Ein Jubiläum des Wissens. 175 Jahre F. A. Brockhaus, Wiesbaden F. A. Brockhaus 1980.
– Klitzke, Gerd: Zur gesellschaftlichen Stellung des Verlegers Heinrich Brockhaus, insbesondere im Vormärz und in der Revolution von 1848/49, in: Beiträge zur Geschichte des Buchwesens 6/1973, Leipzig, S. 9–52.
– Knopf, Sabine und Volker Titel: Der Leipziger Gutenbergweg. Geschichte und Topographie einer Buchstadt, Beucha Sax-Verlag 2001.
– Lehmann, Ernst Herbert: Geschichte des Konversationslexikons, Leipzig F. A. Brockhaus 1934.
– Leistner, Maria-Verena: Wilhelm Müllers Zusammenarbeit mit dem Leipziger Verlagshaus F. A. Brockhaus von 1819 bis 1827, in: Lehmstedt, Mark (Hg.): Beiträge zur Geschichte des Buchwesens im frühen 19. Jahrhundert (Schriften und Zeugnisse zur Buchgeschichte, Bd. 3), Wiesbaden 1993, S. 135–151.
– Lüdeke, Heinrich v. Möllendorf (Hg.): Aus Tiecks Novellenzeit. Briefwechsel zwischen Ludwig Tieck und F. A. Brockhaus, Leipzig F. A. Brockhaus 1928.
– Lütkehaus, Ludger (Hg.): Das Buch als Wille und Vorstellung. Arthur Schopenhauers Briefwechsel mit Friedrich Arnold Brockhaus, München C. H. Beck 1996.
– Lohre, Heinrich (Hg.): Wilhelm Müller als Kritiker und Erzähler. Ein Lebensbild mit Briefen an F. A. Brockhaus und anderen Schriftstücken, Leipzig F. A. Brockhaus 1927.

– Michel, Hermann (Hg.): Heinrich Eduard Brockhaus. Stunden mit Bismarck 1871–78, Leipzig F. A. Brockhaus 1929.
– Piltz, Anton: Zur Geschichte und Bibliographie der encyklopädischen Literatur, insbesondere des Conversations-Lexikon, in: Brockhaus, F. A.: Die Firma F. A. Brockhaus in Leipzig. Zum hundertjährigen Geburtstage von Friedrich Arnold Brockhaus 4. Mai 1872. Leipzig 1872, S. I–LXXII.
– Prümer, Karl: Friedrich Arnold Brockhaus, in: ders.: Westfälische Charakterbilder, Dortmund 1902, S. 23–60.
– Schäfer, Roland: Die Frühgeschichte des Großen Brockhaus, in: Leipziger Jahrbuch zur Buchgeschichte 3/1993, Wiesbaden, S. 69–84.
– Seemann, Otmar: Konversationslexika und Enzyklopädien in der Frühzeit des Brockhaus-Lexikons (1809–1820), in: Wolfenbütteler Notizen zur Buchgeschichte, 1/1993–1994, Wiesbaden, S. 52–60.
– Stern, Carola: Alles, was ich in der Welt verlange. Das Leben der Johanna Schopenhauer, Köln Kiepenheuer & Witsch 2003.
– Titel, Volker: Heinrich Brockhaus, in: Wiemers, Gerald (Hg.): Sächsische Lebensbilder 5/2003, Stuttgart, S. 87–112.
– Waßmann, Andre: E-Markets. Eine Analyse des B2B-Handels im Internet aus der Perspektive des Buchverlags Bibliographisches Institut & F. A. Brockhaus AG, Diplomarbeit, Manuskript 2001.
– Wendt, Bernhard: Idee und Entwicklungsgeschichte der enzyklopädischen Literatur. Eine literarisch-bibliographische Studie, Würzburg-Aumühle Konrad Triltsch Verlag 1941.

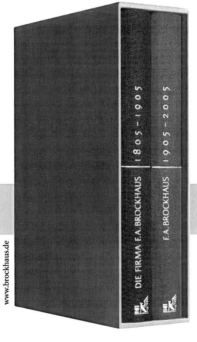